AF562973

NAPOLÉON Ier

ET

SES TRAVAUX

RÉFUTATION

DES

ÉTUDES HISTORIQUES

DE M. DE NERVO, RECEVEUR GÉNÉRAL DES FINANCES

PAR

M. HENNET DU VIGNEUX

> « Nul n'aura dit AVEC PLUS DE SOIN que M. de Nervo
> « les *grands travaux* de cette mémorable époque. »
> (Prospectus des *Etudes historiques* de M. de Nervo.)

PARIS
AMYOT, LIBRAIRE-ÉDITEUR
RUE DE LA PAIX, 8

1864

NAPOLÉON Ier

ET

SES TRAVAUX

« Nul n'aura dit AVEC PLUS DE SOIN que M. de Nervo
« les *grands travaux* de cette mémorable époque. »
(Prospectus des *Etudes historiques* de M. de Nervo.)

On s'est plaint bien souvent de rencontrer chez certains historiens des faits dénaturés, quelquefois même en contradiction manifeste avec la vérité, et l'on s'est étonné, à juste titre, que des contemporains mieux informés aient pu laisser se perpétuer, par une indifférence coupable, des erreurs qu'il eût été facile de réfuter au moment même de leur apparition.

C'est une erreur de cette nature que nous venons relever.

Elle est d'autant plus grave qu'elle émane d'un homme sérieux, haut placé dans la hiérarchie financière, et qui, par une inconcevable négligence, efface d'un trait de plume l'initiative du Premier Consul, celle de l'Empereur Napoléon Ier, et attribue à la Restauration la plus grande opération qu'ait entreprise l'administration des Finances Françaises sous le Consulat et le premier Empire.

On a deviné déjà que nous voulons parler du Cadastre parcellaire de la France, c'est-à-dire de cette opération démocratique et gigantesque au moyen de laquelle a été obtenue L'ÉGALITÉ PROPORTIONNELE DE NOTRE IMPÔT FONCIER.

En lisant le livre intitulé « *Études historiques*, les Fi- « nances Françaises », que vient de publier récemment M. le baron de Nervo, receveur général des finances, quel ne fut pas notre étonnement de trouver *oublié*, dans l'énumération détaillée des divers services du Ministère Gaudin, le Cadastre, dont l'administration centrale comptait au moins cent employés, douze Inspecteurs Généraux, et la partie active, de huit à dix mille géomètres, arpenteurs et dessinateurs.

(1) Michel Lévy éditeur, 1863, 2 vol. in-8.

(2) *Études historiques*, 2e vol., p. 337.

Tout nous fut expliqué en lisant, à la page 356, l'incroyable passage que nous transcrivons mot pour mot :

« M. Gaudin (le Ministre) avait bien pensé d'abord, « frappé qu'il était de l'inégalité relative de l'impôt « foncier, dont les uns payaient le dixième et les « autres le vingtième de leur revenu, *à établir un « cadastre*; mais la cherté et la difficulté de cette « grande opération avaient bientôt éloigné ce pro- « jet, *qui ne fut repris et exécuté qu'en* 1819. »

L'affirmation est claire, absolue.

Elle ne souffre aucune réplique....

Malheureusement elle est d'un bout à l'autre, et sans en excepter un seul mot, complétement inexacte, et elle fera sourire non-seulement les milliers de fonctionnaires des Contributions Directes, mais encore tous ceux qui connaissent l'histoire de leur pays.

Rien n'oblige assurément un homme, — si haut placé qu'il soit dans le monde ou dans la hiérarchie administrative, — à écrire sur un sujet qu'il a mal étudié, ou qu'il ne connaît pas. Ce qu'il a de mieux à faire, dans ce cas, c'est de n'en point parler.

C'est évidemment là le parti qu'aurait dû pren-

Monsieur le baron de NERVO à l'égard du Cadastre.

Qu'il nous permette de le lui rappeler, quand on aborde un sujet aussi grave que l'*histoire* du commencement de ce siècle, —et que l'on prend pour épigraphe : « FACTA LOQUUNTUR », — on se heurte à des faits dont la notoriété inexorable permet d'autant moins de négligence, chez l'écrivain, qu'il s'expose volontairement à être lu et critiqué par d'autres mieux informés.

Cela dit, voyons si, en effet, Monsieur le duc de Gaëte (M. GAUDIN) a réellement imaginé, *inventé* le cadastre, et si son exécution, commencée en 1819 au dire de M. de NERVO, doit être attribuée à M. MOLLIEN.

Loin de nous la pensée, en constatant ces faits, de chercher, en quoi que ce soit, à diminuer le mérite d'hommes aussi considérables. Mais, s'ils en ont eu d'autres,— et nous nous empressons de le proclamer avec l'honorable auteur des Études *historiques*, — ces deux ministres n'ont pas eu, du moins, le mérite que leur prête Monsieur le baron de NERVO.

Que dit l'histoire..... réelle?

Le Cadastre, connu chez les Romains, existait en France, selon DUTILLET DE VILLARS, sous les Rois de la première race. Sous CHARLES V, il était PARCELLAIRE (1). Sous CHARLES VIII, ordonné pour tout le royaume, il ne fut exécuté que dans le Languedoc.

A partir de cette époque, on le retrouve exécuté d'un côté et repoussé d'un autre par le Clergé et la Noblesse, qui « déniaient à la Couronne le droit de cadastrer leurs terres ».

La première idée d'ÉGALITÉ PROPORTIONNELLE se manifeste dans la séance (2) de l'Assemblée nationale du 7 juillet 1789.

Le député HERNOUX de la Côte-d'Or, croyons-nous, demande, aux applaudissements unanimes de l'assemblée, qu'on établisse désormais, « dans la répar-« tition de toutes les charges et impositions, l'éga-« lité proportionnelle aux propriétés et facultés de « chaque individu. »

Le 30 mars suivant, le député VERNIER (3) demande, afin de connaître la valeur réelle d'un bien foncier, « l'établissement général d'un arpentage avec esti-« mation, opération qu'on appelle CADASTRE. »

(1) *Du Cadastre*, par M. Noizet. Guillaumin éditeur, 1861.

(2) Procès-verbaux de l'Assemblée nationale.

(3) *Idem*.

Enfin, le 13 décembre de la même année, le député Aubry (1) présente à l'Assemblée nationale un projet détaillé de Cadastre général, avec plans établis à l'échelle d'une ligne par dix toises, et son projet obtient les honneurs de l'impression.

Ces faits sont *officiels*, irrécusables, et Monsieur le baron de Nervo, maintenant que nous les lui avons fait connaître, avouera, nous n'en doutons nullement, qu'il s'est *trompé* en attribuant l'invention ou la pensée d'un Cadastre au *seul* M. Gaudin.

Passons maintenant à son exécution.

Ouvrons la collection Oyon (2).

Le 29 frimaire an XI, un arrêté daté de Saint-Cloud, signé Bonaparte, premier consul, et contre-signé Gaudin, ministre des finances, établit le cadastre.

Nous transcrivons textuellement :

« Le citoyen Hennet, commissaire extraordinaire « pour l'organisation des Finances de la 27e division « militaire (Turin), est nommé Commissaire, sous les

(1) Procès-verbaux de l'Assemblée nationale.

(1) *Collection Oyon*. Imprimerie impériale, 1804.

« ordres du Ministre des Finances, pour l'exécution « de l'arrêté des CONSULS concernant les *opérations à* « *faire pour parvenir à une meilleure répartition de la* « *contribution foncière.* »

Le 30 nivôse suivant, deux premières circulaires, — il y en a ensuite par centaines, — l'une de M. GAUDIN adressée aux Préfets, l'autre du nouveau Commissaire du Gouvernement adressée aux Directeurs des Contributions, partent simultanément.

Et l'exécution du Cadastre est commencée!

Nous ne sommes pourtant pas en 1819... Nous ne sommes qu'en 1803!

Qu'en dit M. de NERVO?

Poursuivons.

On procéda d'abord à l'arpentage par *masses de culture;* mais, cette opération n'atteignant qu'imparfaitement le but que se proposait l'EMPEREUR, IL EXIGEA QUE LE CADASTRE DEVINT PARCELLAIRE, et une commission fut nommée à cet effet.

Elle se composait (1) de « MM. DELAMBRE, membre

(1) *Hist. de la contribution foncière et du cadastre*, par M. Boichoz. Paul Dupont éditeur, 1846.

« de l'Institut ; HENNET, Commissaire Impérial du Ca-
« dastre ; LEMARCIS et DEBATZ, Directeurs des Contri-
« butions ; AUBRY, CARDINET et HAUTIER, Géomètres en
« chef du Cadastre ; OYON, chef de bureau au Cadastre ;
« CHANLAIR et DE LA PRADE, employés, secrétaires. »

Cette opération, d'un but démocratique, plaisait essentiellement à l'EMPEREUR.

Elle l'occupait à ce point, que pour en mieux *assurer l'exécution*,— ignorée par M. de NERVO,— il partagea, le 28 février 1809, la France entière en douze divisions cadastrales, auxquelles furent attachés DOUZE INSPECTEURS GÉNÉRAUX spéciaux.

A ce propos et sous ce titre :

« SOLLICITUDE DE L'EMPEREUR pour le Cadastre »,

Nous trouvons dans le substantiel ouvrage de M. BOICHOZ (pages 170-171) le passage que voici :

« Depuis le commencement du PARCELLAIRE, l'EM-
« PEREUR suivit avec un très-grand intérêt la marche
« des opérations cadastrales ; et lorsque le Ministre
« lui proposa la création d'Inspecteurs Généraux, dont
« la mission devait être de surveiller l'exécution de
« toutes les parties du Cadastre, NAPOLÉON, de son
« propre mouvement et sans présentation, accorda un

« de ces emplois à M. Hennet du Vigneux, ancien offi-
« cier d'artillerie, avec lequel il avait servi au début
« de sa carrière militaire. »

Mieux placé que l'honorable auteur de l'histoire des Contributions et du Cadastre pour ne voir, *surtout* dans cette action, toute spontanée en effet, du Souverain, qu'une preuve irréfragable d'une vieille amitié restée intacte, la sollicitude de l'Empereur pour le Cadastre nous apparaît plus certaine dans ce fait, inouï peut-être jusqu'alors, et bien connu de tous, qu'à partir de la nomination du Commissaire Impérial, Napoléon *voulut travailler directement avec ce simple chef de service*, toutes les fois que sa présence à Paris lui permit de le faire.

Ces preuves *officielles* sont-elles assez convaincantes ?

Non, car il nous reste à donner des chiffres exacts, et à expliquer aussi le mot « *repris* » qui se trouve dans la phrase erronée de l'historien que nous critiquons.

Oui, l'opération du Cadastre dut être non pas abandonnée, — elle ne le fut jamais complétement, — mais suspendue dans un grand nombre d'endroits des 457 arrondissements, si nous avons bonne mémoire, dont se composait alors la France Impériale.

Mais ce fut, — qu'on se le rappelle, — de 1813 à 1817!

Ces dates en disent assez. Elles ont leur éloquence.

Ce n'était pas apparemment pendant les désastres de Russie, pendant l'invasion de la France, au milieu des batailles et des armées ennemies, que l'on pouvait procéder froidement à la *triangulation* d'une Commune, à l'*arpentage* et à l'*estimation* des parcelles. Et d'ailleurs, ceux qui eussent pu le faire n'avaient-ils pas, pour la plupart, échangé pour un fusil le soc de leur charrue, leur chaîne d'arpenteur ou leurs instruments de géomètres?

Cela est si vrai, dit le savant M. Noizet, que, lorsqu'on voulut se *remettre* au travail, sur cinq cents géomètres pris au hasard, on n'en trouva plus qu'un *cinquième,* environ, capables de le *continuer*. Quarante-six réunissaient toutes les conditions requises; soixante étaient bons praticiens, et le reste, nouvellement recruté, était médiocre ou tout à fait incapable!

C'est dans ces circonstances que l'Ordonnance Royale du 11 juin 1817 ordonna la *continuation* du Cadastre.

Mais, de 1808 à la fin de 1813, — le commencement de nos revers, — on avait COMPLÉTEMENT CADASTRÉ :

11,837,303 hectares,

36,827,165 parcelles,

formant ensemble un total de

NEUF MILLE COMMUNES !

Et cela six ans *avant* la date qu'assigne M. de NERVO pour le *commencement* du Cadastre.

Ce fut après cette époque que l'opération fut *reprise*, en 1817, et non en 1819, et qu'elle se continua jusqu'en 1844 ou 1845, croyons-nous, date de sa conclusion définitive.

S'il est assurément pénible de détromper un auteur sur la valeur de son œuvre, il y a de ces questions dont la défense est un devoir pour certains écrivains. Nous qui avons épelé nos premières lettres dans l'œuvre collective des Inspecteurs Généraux du Cadastre, — le *Recueil méthodique*, — il nous était moins permis qu'à tout autre de laisser publier, sans réfutation, une hérésie historique que contredisent le souvenir de milliers de personnes et le contenu de plus de deux cents volumes.

Il nous fallait rétablir, et nous croyons l'avoir

fait, que le *parcellaire* est l'œuvre de NAPOLÉON Ier.

On relèvera d'autres erreurs... Nous n'en citerons plus qu'une seule : l'histoire d'un Ministre... qui n'a *iamais été Ministre !*

Nous citons textuellement M. de NERVO :

« Le surintendant des finances (le ministre) (1) « FRANCOIS D'O, était mort en 1595, et à sa place avait « été nommé le seigneur de SANCY, celui qui avait, on « se le rappelle, amené au Roi le secours de douze « mille Suisses le lendemain de la mort de HENRI III. « Cet immense service, qui avait mis la couronne sur « la tête de HENRI, méritait assurément cette récom- « pense. Mais SANCY *n'entendait rien en finances ;* il « était en outre fort débauché, dépensier et *sans nul « crédit;* la misère aidant, *il avait donc laissé tous les « services publics presque arrêtés ;* l'armée, entre autres, « n'avait rien reçu. »

« Un conseil de finance avait alors été organisé : il « se composait de Messieurs le duc de NEVERS, prési- « dent ; le chancelier de CHIVERNY, le Connétable *Henri « de Montmorency*, le Maréchal de RETZ, le Maréchal

(1) *Études historiques*, 1er vol., p. 239.

« de *Matignon*, le comte de SCHOMBERG, de SANCY,
« *Hurault*, seigneur de MAISSE, de LAGRANGE LE ROY.

Il en est malheureusement de cette citation comme de la première.

Nicolas HARLAY de SANCY était au contraire un homme fort en crédit, très-expert en matières de finances, et s'il ne laissa pas « tous les services publics « presque arrêtés », *c'est qu'il n'eut jamais à les diriger.*

Nous trouvons, en effet, dans un auteur contemporain du Sire de SANCY, — et que M. de NERVO aurait pu lire, surtout à propos d'une histoire des finances, — un chapitre XXIX, dont le sommaire commence ainsi : « Crédit de SANCY. GABRIELLE *empêche qu'il ne « soit nommé Surintendant...* »

Et, après les titres établissant le *crédit* de SANCY, l'auteur ajoute :

« Il (SANCY) s'imagina incontinent qu'il prendroit la « place dudit sieur D'O et s'acquerroit la mesme « puissance et authorité qu'il avoit tant dans les af- « faires que les finances; mais Mme de LIANCOURT « (*Gabrielle*), que le Roy aimoit passionnément et s'es- « toit laissé persuader d'en avoir eu un fils, luy estant « devenüe absolument contraire, rompit son des-

« sein, pource qu'il avoit tenu des propos un peu li-
« bres et hardis de la forme de sa vie passée et pré-
« sente, et de la naissance de ce fils, qui avoit esté
« nommé CÉSAR... etc.

« Cette dame donc rompit, comme nous avons dit, « le dessein du sieur de SANCY, en usant de telles « menées et pratiques, et mesnageant si dextrement « l'esprit du Roy, *qu'au lieu de laisser establir un seul « superintendant avec absolüe authorité*, elle fit for- « mer un conseil des finances, dont M. de NEVERS fut « estably chef, assisté de messieurs le Chancelier de « CHIVERNY, duc de RETHS, de BELLIÈVRE, SANCY, « SCHOMBERG, MAISSES, FRESNE et LA GRANGE LE ROY. »

Or, veut-on savoir qui a écrit ces lignes?

C'est tout simplement SULLY (1), qui devait apparemment connaître le nom de son prédécesseur et ceux des *membres* qui composaient la commission des finances dont parlent les « Études *historiques* » du baron de NERVO!

HENNET DU VIGNEUX,

De la Société des Gens de Lettres.

(1) Collection Petitot, *Mémoires de Sully*, vol. 2, p. 354 à 356.

7068. — Paris, imprimerie Jouaust et fils, rue Saint-Honoré, 338.

www.ingramcontent.com/pod-product-compliance
Lightning Source LLC
LaVergne TN
LVHW010310230826
846091LV00007B/3091

* 9 7 8 2 0 1 1 7 8 0 4 7 8 *